Inhalt

Heureka! - evolutionär und revolutionär lautet die Formel für erfolgreiche Unternehmen der Zukunft

Kernthesen

Beitrag

Fallbeispiele

Weiterführende Literatur

Impressum

Heureka! - evolutionär und revolutionär lautet die Formel für erfolgreiche Unternehmen der Zukunft

Harald Reil

Kernthesen

- Disruptive Innovationen können den Markt völlig umkrempeln und einen Paradigmenwechsel herbeiführen, so dass Altes obsolet wird und keine Chance auf Wiederbelebung hat.
- Revolutionäre Neuerungen lassen sich nicht planen, mit einer Veränderung ihrer

Organisationsstrukturen erhöhen Unternehmen aber die Chancen auf Geistesblitze.
- Kleine, radikale Zellen nach dem Vorbild von Start-up-Unternehmen könnten auch für Großkonzerne die Lösung sein, um bahnbrechende Erfindungen zu fördern. Abteilungsübergreifende Think Tanks sind ebenfalls ein guter Nährboden für potenzielle Innovationen.
- Schlüssel zum langfristigen Erfolg ist eine Zweifrontenstrategie, die auf die inkrementelle Verbesserung bestehender Produkte setzt und Organisationsstrukturen schafft, die auch radikal Neues entstehen lassen.

Beitrag

Wer zu spät kommt, den bestraft das Leben

Wer zu lange an Bewährtem festhält und die Zeichen der Zeit nicht rechtzeitig erkennt, läuft Gefahr, überrollt zu werden. Dieser Satz gilt im Kleinen für Individuen und im Großen für Imperien. Auch im

Wirtschaftsleben hat er seine Berechtigung - zu allen Zeiten und in allen Branchen. Als Anfang des vergangenen Jahrhunderts die Thomas W. Lawson unterging, versank mit dem Segelschiff eine ganze Ära auf den Grund des Meeres. Dampfbetriebene Schiffe hatten zu diesem Zeitpunkt schon längst das Ruder an sich gerissen. Streng genommen war also die Thomas W. Lawson schon beim Stapellauf fünf Jahre vor ihrem Untergang ein Geisterschiff. Disruptive Innovationen, so der Fachbegriff, krempeln manchmal von einem Tag auf den anderen den Markt völlig um. Andere Male brauchen sie dazu eine längere Anlaufphase. In beiden Fällen ist das Ergebnis dasselbe. Sie führen einen Paradigmenwechsel herbei, nach dem das Alte so obsolet geworden ist, dass es keine Chance auf Wiederbelebung hat. Die entscheidenden Fragen in diesem Zusammenhang lauten: Lassen sich disruptive Innovationen planen? Und wenn ja, welche Voraussetzungen muss ein Konzern schaffen, damit er innovationsfreudig und damit auf der Höhe der Zeit bleibt? (1)

Man kann dem Zufall auch auf die Sprünge helfen

Zunächst einmal: Es ist höchst unwahrscheinlich, dass sich disruptive Innovationen tatsächlich einmal nach Schema F am Reißbrett entwerfen lassen. Das

Glück, der geniale Geistesblitz wird bei bahnbrechenden Neuerungen voraussichtlich immer eine große Rolle spielen. Doch man kann dem Zufall auch auf die Sprünge helfen - wenn nur die Rahmenbedingungen stimmen. Das aber ist die Crux: Gerade alteingesessene Unternehmen mit etabliertem Kundenstamm gleichen oft riesigen, trägen Ozeandampfern, die sich nur schwer manövrieren lassen. Innovationen finden nur innerhalb eng gezogener Grenzen statt. Kein Wunder, dass sie daher zumeist inkrementell sind und darauf abzielen, bestehende Produkte weiterzuentwickeln. Ein Beispiel dafür ist Nokia. Der Handyhersteller dominierte jahrelang den Markt für Mobiltelefone, bis ihm quasi über Nacht Apple und später auch Samsung den Rang abliefen. Als Grund geben Experten die Trägheit des finnischen Konzerns und seinen daraus resultierenden Mangel an Innovationskraft an. Doch Unternehmen, die in einer Welt radikaler Neuerungen, welche noch dazu in immer kürzeren Abständen aufeinander folgen, dauerhaft erfolgreich sein wollen, dürfen sich nicht ausschließlich auf ihre evolutionäre Innovationskraft verlassen. Sie müssen auch an einer zweiten Front erfolgreich sein und selbst dazu beitragen, bahnbrechende Erfindungen auf den Weg zu bringen. (1)

Von Visionären, Parallelwelten

und Think Tanks

Geniale Führungspersönlichkeiten wie Steve Jobs, der Apple, als das Unternehmen am Boden lag, mit seinen Visionen zu neuen Höhenflügen geführt hat, sind selten. Die zweitbeste Möglichkeit für disruptive Innovationen sind Organisationsstrukturen, in denen sich Freigeister und Querdenker austoben können. Innovationsforscher fordern daher neben der traditionellen prozessorientierten Arbeitsweise die Schaffung unternehmensinterner Parallelwelten, die nach dem Vorbild kleiner Start-up-Firmen funktionieren. Auch der Aufbau eines abteilungsübergreifenden Netzwerks ist eine Möglichkeit, die Innovationskraft eines Unternehmens zu fördern: Spezialisten der unterschiedlichsten Fachbereiche treffen sich in Think Tanks und jonglieren dort mit ihren Ideen, in der Hoffnung Neues zu kreieren. Innovationen entstehen abseits vom Alltagsgeschäft. Genau das aber scheint für viele Firmen ein Problem zu sein. Freies Denken, das nicht unmittelbar dem Geschäftserfolg dient, kostet nicht nur Zeit und Geld, sondern ist auch noch risikoreich, da der Erfolg alles andere als sicher ist. Warum also sollte man darin investieren? Es gibt aber auch Konzerne, die eine gegenteilige Philosophie vertreten. VW beispielsweise nimmt Jahr für Jahr viel Geld in die Hand, um seine Innovationskraft zu erhalten. Der Konzern hat außerdem Forschungssatelliten rund um den Globus etabliert, um neueste Trends auszukundschaften, die vielleicht für zukünftige Fahrzeuge verwertbar sind. Bisher fährt der Autobauer aus Wolfsburg sehr gut mit dieser Strategie. (2), (3)

Innovationsförderlich: Freiräume und Wertschätzung

Dass es viel weniger Innovationen gibt, als eigentlich auf den Weg gebracht werden könnten, mag auch daran liegen, dass Erfinder und Entdecker nicht nur zu wenig gefördert werden, sondern dass man ihnen oft auch die nötige Anerkennung versagt. Diesen Schluss legt eine Untersuchung des Beratungsunternehmens Dr. Bernd X. Weis Management Consulting mit Sitz in Stuttgart nahe. Grundlage der Studie waren Interviews mit 133 Forschern und Entwicklern aus Technologieunternehmen sowie mit Absolventen von Technischen Hochschulen. Die wichtigsten Ergebnisse: Nur 43 Prozent der Erfinder revolutionärer Neuerungen gaben an, dass sie sich für ihre Ideen wertgeschätzt fühlten. Bei Innovatoren, die bestehende Produkte inkrementell verbessert hatten, waren es immerhin 64 Prozent. Lediglich 43 Prozent der radikalen Innovatoren sagten außerdem, dass sie die Unternehmensorganisation für die Entwicklung ihrer revolutionären Ideen als förderlich empfanden. Bei den evolutionären Entwicklern lag der entsprechende Prozentsatz mit 49 Prozent nur wenig höher. Wie wichtig zudem Freiräume für Entdeckungen zu sein scheinen, belegen folgende Zahlen: 65 Prozent der bahnbrechenden Erfinder hatten ihre Einfälle in der Freizeit und nur 35 Prozent in der Arbeit. Bei den evolutionären Neuerern war das Verhältnis ungefähr fifty-fifty. (4)

Trends

Zweifrontenstrategie als Schlüssel zum Erfolg

Unternehmen, die sich langfristig auf dem Markt behaupten wollen, benötigen verschiedene Qualitäten. Einerseits müssen sie bestehende Produkte inkrementell verbessern, andererseits brauchen sie Organisationsstrukturen, die den Nährboden dafür schaffen, dass auch radikal Neues entstehen kann. Dieser Spagat ist alles andere als einfach und hat natürlich auch keine Erfolgsgarantie. Doch in einer Zeit, die sich immer schneller wandelt, und in der bahnbrechende Innovationen in immer kürzeren Abständen einander ablösen, ist diese

Zweifrontenstrategie, so argumentieren zumindest Experten, Voraussetzung, um dauerhaft an der Spitze mitmischen zu können. Kleine wendige Innovationszellen nach dem Vorbild von Start-up-Unternehmen, abteilungsübergreifende Think Tanks, Crowdsourcing, Open Innovation und Trendscouts, die global agieren, sind Mittel und Maßnahmen, auf die Unternehmen in Zukunft verstärkt zurückgreifen werden, um zu versuchen, der Konkurrenz eine Nasenspitze voraus zu sein. Das kostet Geld und fordert von den Unternehmen Vertrauen auf einen Erfolg, der alles andere als sicher ist. (2), (9), (10)

Fallbeispiele

VW investiert Milliarden in Forschung und Entwicklung

Europas größter Automobilkonzern weiß, dass der Nährboden für Innovationen dann am günstigsten ist, wenn mehrere Faktoren zusammenspielen. Die beiden wichtigsten davon sind Geld und enge Kontakte zur Vorhut der Intelligenz. Dieser Philosophie folgend, hat VW das Budget für Forschung und Entwicklung während der letzten Jahre ständig erhöht. Gaben die Wolfsburger 2009 noch 5,4 Milliarden Euro für diesen Posten aus, waren es ein Jahr später bereites 6,8 Milliarden Euro. Im vergangenen Jahr erhöhte VW seinen Forschungs- und Entwicklungsetat gar auf 7,2 Milliarden Euro. Außerdem tauscht sich der Automobilkonzern regelmäßig mit der Forschungselite an Universitäten aus und hat schließlich noch an so genannten Hot Spots "Späher" installiert, deren Aufgabe es ist, der Konzernzentrale in Wolfsburg über neueste Trends zu berichten. (2)

Scouts schnüffeln für Otto E-Commerce-Trends aus

Der Versandhändler Otto hat ein Innovation Center ins Leben gerufen. Seine Aufgabe: Die Mitarbeiter sollen E-Commerce-Trends auskundschaften, die einmal für das Massengeschäft tauglich werden könnten. Um dieser Aufgabe gerecht zu werden, beobachten rund um den Globus verteilt um die 80 Trendscouts in 22 Sprachregionen die neuesten Entwicklungen auf diesem Gebiet. 20 festangestellte Mitarbeiter werten pro Monat rund 1 500 Vorschläge aus. Einer davon ist eine Applikation, die ein estisches Start-up-Unternehmen namens Fits.me entworfen hat. Sie funktioniert folgendermaßen: Kunden fotografieren sich, veröffentlichen das Bild bei Otto online und wählen dann Kleidungsstücke aus, die ihnen gefallen. Die Applikation ermöglicht ihnen nun eine virtuelle Anprobe. Mit anderen Worten: Kunden sehen sich wie in einem Spiegel und können jetzt entscheiden, ob ihnen das Kleidungsstück steht oder nicht. (5)

Tanze Tango mit mir! Mittelständler generiert Ideen bei Tanztreffen

Das Unternehmen Peter Huber Kältemaschinenbau mit Sitz in Offenburg ist bereits vier Mal mit dem Gütesiegel "Top 100", einem Preis für besonders innovative Mittelständler ausgezeichnet worden. Als Grund für die Innovationskraft des Unternehmens nennt der kaufmännische Geschäftsführer, Daniel Huber, die Begeisterungsfähigkeit der Mitarbeiter und die Etablierung von kreativitätsfördernden Prozessen. Auch der ständige Dialog mit den Abnehmern der Kältemaschinen ist eine wesentliche Triebfeder für die Innovationskraft des Unternehmens. Um das Wissen seiner Kunden anzuzapfen, setzte Peter Huber Kältemaschinenbau eine originelle Idee in die Tat um. Das Unternehmen rief einen Tango Club ins Leben. Er ist nicht nur ein hervorragendes Kundenbindungsinstrument, sondern auch ein Nährboden für neue Ideen. Die

Touchscreens, mit deren Hilfe sich die Thermostate an den Peter-Huber-Maschinen steuern lassen, sind zum Beispiel ein Produkt dieser informellen Tanztreffen. (6)

Eventtage für handverlesenes Publikum

Auch die Alois Kober GmbH gehört zu den Preisträgern, die mit dem Innovationssiegel "Top 100" ausgezeichnet wurden. Um seine Innovationskraft zu erhalten, richtet das Unternehmen, das sich auf die Herstellung von Komponenten für die Fahrzeugindustrie spezialisiert hat, regelmäßig Eventtage für ein handverlesenes Publikum aus. So erhält es unmittelbar Rückmeldungen über die Güte oder die Verbesserungswürdigkeit seiner Produkte. (7)

Geld ist nicht alles

Dass viel Geld für Forschung und Entwicklung (F&E) nicht immer ausschlaggebend für die Innovationskraft von Firmen sein muss, belegt eine Studie, zu der die Unternehmensberatung Dr. Wieselhuber & Partner (W&P) 180 führende Vertreter der Elektroindustrie befragt hat. Das Ergebnis: Die Top-Innovatoren gaben im Verhältnis zu ihren eher mittelmäßigen Konkurrenten um durchschnittlich 7,4 Prozent weniger vom Gesamtumsatz für F&E aus. Als entscheidend für ihre Innovationskraft gaben sie das kreativitätsfördernde Umfeld und das Führungsverhalten an. (8)

Weiterführende Literatur

(1) Disruptive Innovationen wirksam managen
aus Zeitschr. f. wirtsch. Fabrikbetrieb, Heft 06/2012, S. 469

(2) Ein Hoch auf die Verrückten
aus "Bestseller" Nr. 07-08/2012 vom 01.08.2012 Seite: 22,23,24,25

(3) Unternehmenserfolg Erfolgreiche Unternehmer sind Regelbrecher
aus EP Nr. Nr. 9 vom 11.05.2011

(4) Patentes
aus VDI NR. 29-30 VOM 20.07.2012 SEITE 21

(5) Spürnasen mit Geschäftssinn
aus Absatzwirtschaft Nr. 08 vom 27.07.2012 Seite 040

(6) Innovator des Jahres Ranga Yogeshwar ehrt Huber Kältemaschinenbau
aus LABO - Das Magazin für Labortechnik + Life Sciences, Heft 07/2012, S. 40

(7) AL-KO zum zweiten Mal in Folge ausgezeichnet
Gütesiegel „Top 100" ehrt innovative Mittelständler
aus BM Bau- und Möbelschreiner, Heft 8, 2012, S. 35

(8) Studie zum Innovationsmanagement in der
Elektroindustrie Innovationskraft ist Erfolgsfaktor
aus elektro automation, Heft 4, 2012, S. 18

(9) Innovations-Barrieren beseitigen
aus Die Bank, Heft 08/2012, S. 57-61

(10) Open Innovation - Massenintelligenz als
Innovationsstrategie
aus GENIOS WirtschaftsWissen Nr. 06 vom 06.06.2012

Impressum

Heureka! - evolutionär und revolutionär lautet die Formel für erfolgreiche Unternehmen der Zukunft

Bibliografische Information der deutschen Nationalbibliothek

Die Deutsche Nationalbibliothek verzeichnet diese Publikation in der deutschen Nationalbibliografie; detaillierte bibliografische Daten sind im Internet über http://dnb.d-nb.de abrufbar.

ISBN: 978-3-7379-1290-7

© 2015 GBI-Genios Deutsche Wirtschaftsdatenbank GmbH, Freischützstraße 96, 81927 München, www.genios.de

Alle Rechte vorbehalten. Dieses Werk ist einschließlich aller seiner Teile – z.B. Texte, Tabellen und Grafiken - urheberrechtlich geschützt. Jede Verwertung außerhalb der Grenzen des Urheberrechtsgesetzes bedarf der vorherigen Zustimmung des Verlags. Dies gilt insbesondere auch für auszugsweise Nachdrucke, fotomechanische Vervielfältigungen (Fotokopie/Mikroskopie), Übersetzungen, Auswertungen durch Datenbanken oder ähnliche Einrichtungen und die Einspeicherung und Verarbeitung in elektronischen Systemen.